아침에 들려주는 예쁜 말
따 라 쓰 기

글 김종원 · 그림 나래

상상아이

글 김종원

인문학 공부를 하면서 말의 중요성을 깨달아 말의 힘과 삶의 지혜를 전하는 책을 쓰고 강연을 합니다. 어린이들이 하루하루 아름답게 살아가길 바라는 마음으로 『김종원의 예쁜 말 시리즈』를 쓰고 있습니다. 쓴 책으로 『나에게 들려주는 예쁜 말』『서로에게 들려주는 따뜻한 말』『부모의 말』『친구에게 들려주는 씩씩한 말』『아침에 들려주는 예쁜 말』『매일 아침을 여는 1분의 기적』『어린이를 위한 30일 인문학 글쓰기의 기적 시리즈』 등 100여 권이 있습니다.

그림 나래

대학에서 회화를 전공하고 다양한 방식으로 그림을 그립니다. 일상의 귀여움을 좋아하며, 그림으로 이야기 전달하는 것을 좋아해 그림책을 만들고 있습니다. 그린 책으로 『나에게 들려주는 예쁜 말』『서로에게 들려주는 따뜻한 말』『친구에게 들려주는 씩씩한 말』『아침에 들려주는 예쁜 말』이 있습니다.

아침에 들려주는 예쁜 말 따라쓰기

1판 1쇄 펴냄 2025년 4월 20일

글 김종원 | 그림 나래
펴낸이 김병준·고세규 | **편집** 이지혜 | **디자인** 백소연 | **마케팅** 김유정·차현지·최은규
펴낸곳 상상아카데미 | **출판등록** 제313-2010-77호(2010. 3. 11.)
주소 서울시 마포구 독막로6길 11, 우대빌딩 2, 3층
전화 02-6953-8343(편집), 02-6925-4188(영업) | **팩스** 02-6925-4182
전자우편 main@sangsangaca.com | **홈페이지** http://sangsangaca.com

ISBN 979-11-93379-50-9 74810

· KC마크는 이 제품이 공통안전기준에 적합하였음을 뜻합니다.
· 잘못 만들어진 책은 구입하신 서점에서 교환해 드립니다.

상상아이는 상상아카데미의 그림책 브랜드입니다.

《아침에 들려주는 예쁜 말》을 읽으며
예쁜 말을 마음에 담아 보았나요?

이번에는 예쁜 말을 따라 써 보아요.
바른 글씨로 직접 써 보면서
내가 듣기에도 예쁜 말을
내 마음에 들려주어요.

예쁜 말로 아침을 활짝 열면
무엇이든 척척 해낼 수 있어요!

예쁜 말을 하는

_____ 에게

즐거운 아침이야!

늘 밝고 신나는 말로 하루를 열면
모두 기분이 좋아져요.

해님처럼 하루를 활짝 열어요

"엄마 아빠, 좋은 아침이에요!

어제보다 오늘 더 사랑해요."

"기뻐." "예쁘다."

"행복해."

나를 깨우는 마음 청소

"자, 멋지게

하루를 시작하자.

내 몸과 마음아,

오늘도 잘 부탁해!"

반짝반짝! 기분 좋은 아침 준비

"모두 다 나를 위해

하는 일이야."

나를 위해 하는 일이니

스스로 하나씩 해낼 거예요.

"매일 아침, 밥을 한번 먹어 봐.
대신 딱 기분 좋을 정도로
배부를 때까지 먹어야 해."

맛있어!

맛있게 냠냠, 몸도 마음도 튼튼

"나는 아침마다

내 몸을 건강하게 하는 음식을

행복하고 맛있게 즐길 거예요.

그게 나를 아끼는 방법이니까요."

"새는 어떻게 길을 잃지 않고 날까?"

신기한 상상이 퐁퐁

"나는 매일 아침

주변을 보며 질문하고

상상하는 힘을

키울 거예요."

우리 주변에는 고마운 일이 참 많아요.
찾기 전에는 잘 보이지 않아요.

고마움 찾기 놀이

"부모님과 함께해서 감사해요."

"길을 걸으며

수많은 꽃과 구름과 하늘을

볼 수 있어서 감사해요."

"오늘 꼭 해야 할 일이 뭘까?"
"가장 중요한 것부터 생각해 보자."

스스로 해내면 자신감이 쑥쑥!

"오늘은 내가 할 일을

스스로 해내며

멋진 하루를 보낼 거야!"

매일매일 자신이 생겨요.

아침에 일어날 때
늦장을 부리지 않아요.

오늘은 어떤 일이 기다릴까?

어제보다 힘센 나

"매일 아침 해를 바라보며

씩씩하게 일어나면

게으름이라는

그림자가 사라져요."

믿는 대로 될 거야

"내가 진심을 보여 주면

모두가 내 마음을 알아줄 거야."

"떨 필요는 없어.

믿는 대로 될 테니까."

아침에 일어나면
밤새 덮었던 이불을 곱게 개어요.

뿌듯함이 차곡차곡

"내가 밤새 덮고 잔 이불은

내가 스스로 개는 게 당연해요."

하루를 차분히 시작하면

책임감이 쑥쑥 자라요.

기적을 일으키는 주문

"오늘도 나는

뭐든 할 수 있어요.

할 수 있다는 생각으로

하루를 채울 거예요."

어제 했던 실수는
어젯밤에 이미 끝이 났어요.

오늘 해가 뜨면

"오늘 나는

새롭게 시작할 거예요.

해가 뜨면

다시 기회가 생기니까요."

할 일이 많을 땐 걱정이 돼요.
더 하기 싫고, 미루고만 싶어요.

하나씩 마음먹기

하나씩 하다 보면

어느새 해낸 일이 많아져요.

해야 할 일도,

걱정도 사라진답니다.

내 기분도 오늘 하루를
어떤 생각으로 시작하느냐에
따라 달라져요.

내 마음대로 고르는 수프

"오늘은 체리수프처럼

새콤달콤하게 시작할래."

"난 우울한 기분은 싫어.

따뜻한 기분을 골라야지."

우리는 수많은 약속을 해요.
나 자신과 하는 약속도 많아요.

처음처럼 다시 시작해요

"난 처음처럼

다시 시작할 거야."

다시 시작한 사람에게는

실패라는 손님이 찾아오지 않아요.

날지 못하는 새 한 마리가 말했어요.
"어떻게 하면 날 수 있을까?"

어떻게 하면 할 수 있을까?

매일 아침 세 번 외치며

하루를 시작해요.

"어떻게 하면

할 수 있을까?"

1분 1초 매 순간이 소중해요.
결코 사소한 시간이 아니에요.

시간의 주인이 될 거예요

"나는 내 시간의 주인이 되어

하루를 넉넉하게 쓸 거예요."

시간을 잘 쓰는 습관을 들이면

무엇이든 해낼 수 있어요.

매일 아침 10초
거울 앞에서 활짝 웃어 봐요.

용기를 주는 매일 아침 10초

"자꾸 웃으면

마음이 예뻐지고,

마음이 예뻐지면

웃을 일만 생겨요."

"지금 듣고 싶은 노래가 있니?
오늘 하루를 그 노래로 시작하자."

음표 사이를 채우는 노래

나의 선택으로

하루를 채워요.

오늘 하루도

예쁘게 보내요.

아침마다 부모님 품에 안겨서 말해요.
"엄마, 아빠 사랑해요."

서로의 소중한 보물

보고 또 봐도 좋고,

안고 또 안아도 좋습니다.

우리는 서로의

소중한 보물이에요.

그냥 하루를 보내면 지루하고 밋밋하지만,
제목을 붙이면 좀 더 소중해져요.

오늘 하루에 제목을 붙인다면

"오늘 하루에 제목을 붙인다면,

뭐라고 하는 게 좋을까?

어떤 제목을 붙이면

더 힘이 날까?"

잠들기 전 밤하늘을 바라보아요.
활짝 웃는 달님을 보며 다짐해 보아요.

달님에게 하는 약속

"내일 아침에는

일찍 일어나서,

내가 먼저 해님에게

밝은 웃음을 전해 줄 거예요."

나만의 예쁜 말을 자유롭게 만들어 써 봐요.

매일 아침 예쁜 말을 선물해요

아침마다 자신에게
예쁜 말을 들려주면
어제와 다른 하루를 보낼 거예요.

매일 아침
눈을 마주치는 가족에게
오늘 하루 만나는 사람들에게
세상에서 가장 예쁜 말을 들려주세요.

아침을 바꾸면
하루가 아름답게 바뀌어요.